In alten Ansichtskarten
Leipzig

Leipzig
in alten Ansichtskarten

Herausgegeben von
Hugo Johst

GONDROM

Umschlagmotiv: Das Alte Rathaus mit dem pompösen Siegesdenkmal im Vordergrund

Lizenzausgabe für Gondrom Verlag GmbH & Co. KG, Bindlach 1995

ISBN 3-8112-1324-5

Von der „Reiseskizze" zur Ansichtskarte

Wenn in alter Zeit der Reisende und Wanderer Geschautes und Erlebtes in der Erinnerung festhalten wollte, so bot sich ihm nur die Möglichkeit, im Handel erhältliche Stiche und Bilddrucke von Stadtansichten und Landschaften zu erwerben oder selbst zu Stift und Pinsel zu greifen, um Sehenswertes im Bilde festzuhalten. Aber wie klein und begrenzt war der Kreis der Begüterten oder Begabten, die dazu Geld, Zeit und Mühe aufwenden konnten.

Fast unvorstellbar ist der umwälzende Wandel, der eintrat, als im Verlaufe der Entwicklung des Postwesens vor über 100 Jahren die sogenannte „Correspondenzkarte" eingeführt und, nachdem sie zum Bildträger wurde, in einer von Nützlichkeitsdenken beherrschten Welt regen Zuspruch fand. Posthistoriker bezeichnen den Hofbuchhändler Schwarz in Oldenburg, der 1870 Feldpostkarten mit Holzschnitten versah, als den Erfinder der „Ansichtskarte". Bald wußte sich die Druckindustrie auf den rapid wachsenden Bedarf an Bild-Postkarten einzustellen. Sie wurden ein begehrtes Objekt der Industrie und der Sammler. Nachdem ihnen ursprünglich der Stahlstich das Gepräge gegeben hatte, kamen dann die sich ständig verbessernden Verfahren der einfachen und Farblithographie auf. Die Vielfalt der Motive, die anfangs auf Stadtansichten und Landschaften beschränkt blieb, später aber auch Ausstellungen und lokale Ereignisse umfaßte, wuchs ins Unübersehbare, und die Originalität der Ansichtskarte äußerte sich in allen Stilwandlungen dieser Zeit vom Jugendstil bis zur nüchternen Sachlichkeit. Da bis etwa zur Jahrhundertwende die Rückseite der Ansichtskarte der Anschrift des Empfängers vorbehalten blieb, finden wir die Bildseite oft durch Mitteilungen verunstaltet und damit in ihrer Aussage beeinträchtigt.

Durch die enorm ansteigende Massenproduktion und zunehmende Popularität entging die Ansichtskarte nicht dem durch Qualitätsminderung und verschnörkelte Ornamentik zuweilen begründeten Ruf des „Kitsches". Aber trotz dieser Einschränkung registrieren wir heute eine sich vertiefende Besinnung auf die in der „guten alten Zeit" verkörperten Werte. Der Suchende erkennt das bürgerliche Selbstbewußtsein, das sich in der Ansichtskarte spiegelt, den Stolz auf künstlerische und gewerbliche Leistung, auf technischen Fortschritt und Weltruf, aber auch den behaglichen Humor, mit dem Originelles dargestellt wird. So vermittelt die Ansichtskarte mehr als nur den Wandel im Stadtbild, sie wird geprägt vom Wandel im Zeitgeist, im Stil und Geschmack, und die für geringes Geld erworbene Massendrucksache trägt schließlich den Charakter eines kleinen, aber beachtenswerten Kultur- und Geschichtsdokuments.

Vom Werden und Wachsen Leipzigs im Spiegel des Stadtbildes

Leipzig war in den zwanziger Jahren die viertgrößte Stadt Deutschlands nach Berlin, Hamburg und Köln. Während sich aber andere, nach Größe und Bedeutung vergleichbare Städte ungleich leichter charakterisieren lassen, weil es bei aller Vielfalt meist eine beherrschende Komponente gab (Hamburg – Hafen, Frankfurt – Börse und Banken, Dresden – Residenz und Kunst, Essen – Stahl und Eisen) kann Leipzig aus vielen Perspektiven gesehen werden: die Stadt der großen Messen, die Stadt, die den Pelzhandel der Welt beherrschte, in der lange Zeit hindurch fast zwei Drittel aller Bücher deutscher Sprache gedruckt und verlegt wurden, die Stadt, in der die Bachtradition, der Thomanerchor und das Gewandhausorchester zu Hause sind. Diese Vielschichtigkeit prägte naturgemäß auch das Stadtbild seit dem Mittelalter, besonders aber im 16.-19. Jahrhundert. Doch werfen wir zunächst einen kurzen Blick in die Vergangenheit.

Im Flußdreieck zwischen Elster, Pleiße und Parthe lag die erstmals 1015 erwähnte Burg Libzig. Da die alte Reichsstraße von Süden kommend nordwärts vorüberzog und die sogenannte Königsstraße in West-Ost-Richtung vorbeiführte, entwickelte sich dieser feste Platz zu einem Stützpunkt des Handels, der um 1160 Anlaß wurde zu der planmäßigen Stadtgründung durch Markgraf Otto. Diese landesherrliche Aufteilung von Grund und Boden schuf den noch heute klar erkennbaren Grundriß der Altstadt mit dem geräumigen Marktplatz und den gradlinigen, sich rechtwinklig schneidenden Straßen, die zu den vier Stadttoren führten. Rings um die Stadt zogen sich bis zum Ende des 18. Jahrhunderts Festungswerke und eine Stadtmauer, die nach ihrem Abbruch einem breiten grünen Ring Platz machten. Die ältesten Zeugen der Vergangenheit im heutigen Stadtbild sind die Kirchen der Innenstadt, die, obwohl schon früher gegründet, erst im 15. Jahrhundert in die heutige ansehnliche Gestalt raumschöner Hallenkirchen gebracht wurden. Dies trifft besonders für die Thomaskirche und Nikolaikirche zu, während die im Zuge der Universitätsneubauten nach dem Zweiten Weltkrieg leider abgerissene Paulinerkirche einen schlichten Hallenbau in niederdeutscher Backsteingotik darstellte, der sich statt eines Turmes mit einem schlanken Dachreiter begnügte. Schöne Beispiele weltlicher Bauten aus dem ersten Zeitraum architektonischer Blüte, die vom erwachten bürgerlichen Unternehmungsgeist und wachsendem Reichtum zeugen, sind das Alte Rathaus, die Alte Waage und das einstige sogenannte ,,Fürstenhaus" in der Grimmaischen Straße. Sie zeigen den voll ausgereiften Stilcharakter der deutschen Renaissance. Noch eindrucksvoller behauptete sich in einigen Straßen der Innenstadt das Bild der zweiten Blütezeit städtischer Kultur, des Barockstils, zu Anfang des 18. Jahrhunderts. Dazu gehören die Alte Börse am Naschmarkt, das palastartige Romanushaus Ecke Brühl-Katharinenstraße und eine stattliche Anzahl patrizischer Hausfassaden, die sich auszeichneten durch straffe Gliederung ihrer mächtigen Fronten, die plastische Formfülle ihrer Dekoration und durch die für Leipzig typischen, engen, hochumbauten ,,Höfe", die von einer Straße zur anderen führten.

Der fortschreitende Ausbau Leipzigs zur Großstadt, über den Ring mit seinen ansehnlichen Plätzen und ,,Promenaden" hinaus, wurde, soweit es die bedeutenderen Bauten betrifft, beherrscht von der Nachahmung italienischer Renaissance, wie sie im alten Universitätsbau, im Neuen Theater, im Museum der bildenden Künste, im Gewandhaus und dem Reichsgericht zum Ausdruck kam. Bei dem auf den Fundamenten der alten Pleißenburg errichteten Neuen Rathaus wurde dagegen der Anschluß an das Bodenwüchsige und der Charakter des historischen Stadtbildes deutlicher gewahrt. Neue bauliche Aufgaben ergaben sich aus den Bedürfnissen des neuzeitlichen Handels- und Verkehrswesens. Der Kolossalbau des Hauptbahnhofes, die Deutsche Bücherei, Banken und Messepaläste lassen die Vorzüge des neuen Stils erkennen: den Grundsatz ausgeprägter Zweckgebundenheit und architektonischer Ausgeglichenheit. Die Jahrzehnte um die Jahrhundertwende, die mit diesen Bauten das moderne Großstadtbild schufen, haben aber auch durch die weiträumige Stadterweiterung, die Eingemeindung zahlreicher Vororte (die Einwohnerzahl stieg von 170000 um 1880 auf über 600000 um 1910) und durch die großzügige Umgestaltung der die Stadt umgebenden weiten, wasserreichen Auen und Wälder zu schönen Parkanlagen und Erholungsgebieten dem Gesamtbild Leipzigs entscheidende Akzente verliehen.

Nach diesen einleitenden Gedanken über die Geschichte der Ansichtskarte und einer orientierenden Rückschau auf die städtebauliche Entwicklung Leipzigs bleibt noch einiges über die vorliegende Sammlung alter Ansichtskarten zu sagen. Sie wird besonders bei denen Anklang finden, die sich eine lebendige Erinnerung an ihre Heimatstadt vor der schweren Zerstörung des Zweiten Weltkrieges bewahrt haben oder die das alte Leipzig nur aus den Schilderungen ihrer Väter kennen.

Da Leipzig nicht, wie etwa Dresden, von Höhen umgeben ist, beschränken sich die beliebten Panoramakarten auf Blicke vom Turm des Neuen Rathauses und auf damals noch seltene Luftaufnahmen. Häufiger finden wir die Zusammenstellung vieler kleiner Einzelmotive, die meist von allerhand Zierat umrankt sind. Stolz spricht aus den Ansichten des repräsentativen Augustusplatzes, des schönen Marktes mit dem Alten Rathaus, des mächtigen Hauptbahnhofs und vor allem des monumentalen Völkerschlachtdenkmals. Aber auch stille und verträumte Winkel der Großstadt, Ausblicke auf gondelbelebte Gewässer, auf Brücken, Brunnen und Parkanlagen finden wir als Motive.

Viele Absender von Postkarten bevorzugen Ansichten ihrer Wirkungsstätten, z. B. Schulen, Amtsgebäude und Geschäftshäuser. Vielgestaltig sind auch die Grußpostkarten, die das Leben und Treiben zur Messezeit zeigen. Anläßlich der großen Ausstellungen um die Jahrhundertwende wurden ebenso wie zum Universitätsjubiläum 1909 und zu den großen Festen und Feiern im Gedenkjahr 1913 reich ausgestattete Festpostkarten herausgegeben. Ausflugslokale und ,,Etablissements'', aber auch berühmte Gaststätten, wie Auerbachs Keller, der Kaffeebaum, der Thüringer Hof und Kaffeehaus Felsche, benutzten die Grußkarten zugleich als Empfehlung und Werbung.

Die witzigen Karten vom umworbenen ,,Messeonkel'' und der neuen Straßenbahn sind Ausdruck urwüchsigen Humors und gutmütiger Spottlust. Sie alle vervollständigen die reiche Auswahl von ,,Grüßen aus Leipzig'', die von Einheimischen und Besuchern aus der Messestadt in die Welt hinausgeschickt wurden.

Bildverzeichnis

Aeckerleins Keller 27, 31
Alte Börse 28
Alte Waage 27
Altes Rathaus 28, 39
Altes Theater 57, 69
Auensee 102
Auerbachs Keller 30
Augustusplatz 14-16, 19
Varieté Babelsberg 49
Bachdenkmal 55
Café Bauer 91
Baufach-Ausstellung 98
Bayrischer Bahnhof 65
Blücherplatz 68
Bonorand 90
Kaufhaus Brühl 57
Buchgewerbehaus 78
Buchhändlerhaus 77
Bugra 96
Burgstraße 37
Charlottenhof 89
Concerthaus 21
Deutsche Bücherei 79
12. Deutsches Turnfest 95, 96
Eilenburger Bahnhof 66
Elektrische Bahn 94
Europahaus 59
Kaffeehaus Felsche 23
Feuerwehr 97
Frankfurter Wiesen 92
Fürstenhaus 56
Gesamtansicht 11
Gewandhaus 41, 42
Goethedenkmal 28
Gohliser Schlößchen 100
Gosengefäß 88
Gosenschänke 88
Grassimuseum 48
Hauptbahnhof 60-62, 63
Hauptpostgebäude 17
Johannapark 87
Johanniskirche 73
Kaffeebaum 56
Karl-Tauchnitz-Brücke 45
Kochs Hof 36, 37
Königin-Carola-Gymnasium 75
Königsplatz 48, 49
Konservatorium 44
Bankhaus Kroch 18
Krystallpalast 67
Künstlerhaus 74
Lattermanns Hof 36
Leipziger Eisenbahnen 59

Leipziger Messe 33
Lunapark 102
Lutherkirche 87
Mägdebrunnen 74
Markt 24, 26, 27
Markthalle 46
Matthäikirche 58
Mendebrunnen 14, 17, 18
Messe 64
Museum der bildenden Künste 19
Naschmarkt 28
Naundörfchen 58
Neue Handelsbörse 68
Neues Rathaus 21, 25, 40
Neues Theater 14, 16-18, 20
Neumarkt 33
Oberbürgermeister Dr. Georgi 21
Palmengarten 85, 86
Panorama-Rundbau 47
Paulinerkirche 21, 22
Peterskirche 21
Petersstraße 32
Pfahlbau-Restaurant „Wassergott" 103
Pleiße 103
Pleißenburg 38
Modenhaus Polich 35
Radrennen 93
Forsthaus Raschwitz 101
Rathausring 51
Rathausviertel 13
Reformierte Kirche 57
Reichsbank 35, 50
Reichsgericht 21, 43, 45
Kaffeegeschäft Richter 35
Rosenthalberg 21
Roßplatz 46, 47, 74
Russische Gedächtniskirche 80
Sächsich-Thüringische Industrie- u. Gewerbeausstellung 99
Schillerrealgymnasium 76
Schwanenteich 14
Siegesdenkmal 39
Stadthaus 25
Stecknerpassage 29
Thomaskirche 12, 37, 54, 55
Thomasring 12, 52, 53
Thüringer Hof 37
Töpfermarkt 53
Trinitatiskirche 51
Universität 22
Universitätsbibliothek 21, 42
Universitätsjubiläum 97
Völkerschlachtdenkmal 81-84
Volkshaus 71
Warenhaus 34
Zentraltheater 70
Zoologischer Garten 72

Totalansicht des vieltürmigen Leipzig mit ausschmückenden Teilbildchen vom Gondelbetrieb auf der Pleiße.

Blick vom Rathausturm nordwärts auf die Thomaskirche und den nach ihr benannten Thomasring.

Luftaufnahme des Rathausviertels mit dem 106 m hohen Rathausturm; rechts vom Rathaus die frühere Deutsche Bank.

Einzelansichten von Bauten am Augustusplatz, vom Mendebrunnen und dem Schwanenteich hinter dem Neuen Theater.

Der nach König Friedrich August I. benannte Augustusplatz, eine der größten innerstädtischen Platzanlagen (40 000 m^2), mit Universität und Paulinerkirche.

Der nördliche Teil des Augustusplatzes mit dem 1868 vollendeten Neuen Theater.

Der 1886 errichtete Mendebrunnen mit Blick auf das Neue Theater und das alte Hauptpostgebäude.

Blick vom Mendebrunnen auf das 1929 erbaute erste Leipziger Hochhaus, das Bankhaus Kroch.

Eine für die Zeit um 1900 typische Schmuckkarte mit Blick auf die Rückseite des Neuen Theaters.

Das Museum der bildenden Künste, ein schöner Neurenaissancebau von 1856, schloß den Augustusplatz im Süden ab.

Der Schöpfer dieser Karte hat kleine Skizzen vom Neuen Theater malerisch neben ein symbolisches Mädchenbildnis gruppiert.

Anläßlich des Amtsjubiläums von Oberbürgermeister Dr. Georgi wurde 1899 diese farbige Ansichtskarte mit Einzelansichten Leipziger Bauten herausgegeben.

Der Hof der Universität mit Albertinum, Bornerianum und Paulinerkirche.

Leipzig

Kaffeehaus Felsche

Das bekannte Kaffeehaus Felsche am Eingang der Grimmaischen Straße, 1833 vom Thüringer Zuckerbäcker Felsche erbaut und ursprünglich Café Français benannt.

Luftaufnahme des Marktes mit Hain-, Katharinen- und Reichsstraße.

Ansicht des 1899 bis 1905 erbauten stattlichen Neuen Rathauses mit dem Stadthaus.

Der Markt in Blickrichtung Hainstraße. Neben Pferdedroschken beleben schon Autodroschken das Stadtbild.

Blick auf die Nordseite des Marktes mit der Alten Waage (rechts), Aeckerleins Keller (ganz links) und der früher zur Messe aufgebauten Budenstadt.

Der Naschmarkt hinter dem Alten Rathaus mit Alter Börse und Goethedenkmal.

Eine der vielen Durchgänge und „Passagen", die Stecknerpassage zwischen Petersstraße und Thomaskirchhof.

Die älteste Weinstube Leipzigs, der berühmte „Auerbachs Keller", wirbt hier mit interessanten Hinweisen auf seine Geschichte und die Faustsage.

Frohe Gäste grüßen auf dieser reich ausgeschmückten Lokalkarte aus dem bekannten Weinrestaurant „Aeckerleins Keller" am Markt.

Geschäftiges Leben und Reklamebetrieb erfüllen zur Messezeit die Petersstraße.

Feuchtfröhliche Messestimmung bringt diese lustige Grußkarte zum Ausdruck.

Der Neumarkt zur Messezeit.

Das erste große Warenhaus Leipzigs, ein moderner Zweckbau, zwischen Petersstraße und Neumarkt.

Das große Modenhaus Polich beherrschte den Eingang zur Petersstraße; gegenüber die Reichsbank und das alte Kaffeegeschäft Richter.

Lattermanns Hof am Brühl, dem Zentrum des Pelzwarenhandels.

Kochs Hof von innen, mit Durchgang zum Markt.

Kochs Hof, eines der schönsten Barockgebäude in der Reichsstraße.

Die Burgstraße, rechts der Thüringer Hof, im Hintergrund die Thomaskirche.

Die aus dem 13. Jahrhundert stammende und 1897 abgerissene Pleißenburg, auf deren Fundamenten das Neue Rathaus entstand. Auf dem Vorplatz die alte Pferdebahn.

Der schöne Renaissancebau des Alten Rathauses, 1556 von H. Lotter erbaut, mit dem pompösen Siegesdenkmal im Vordergrund.

Blick auf das Neue Rathaus von den Anlagen am Reichsgericht aus.

Der Konzertsaal des Gewandhauses, damals mit 1700 Plätzen einer der größten Konzertsäle Deutschlands.

Das 1884 eingeweihte Gewandhaus im Konzertviertel, dessen Orchester unter Nikisch, Furtwängler und Bruno Walter Weltruf errang. Rechts die Universitätsbibliothek.

Blick vom Turm des Neuen Rathauses auf das Viertel am Reichsgericht.

Das 1843 durch Felix Mendelssohn-Bartholdy gegründete Konservatorium der Musik mit dem Bildnis eines seiner Lehrer, Hans Sitt.

Das 1895 vollendete Reichsgericht mit der über 70 m hohen Kuppel, von der Karl-Tauchnitz-Brücke aus gesehen.

Die Markthalle am Roßplatz wurde 1891 eröffnet, nachdem bis dahin auf dem Marktplatz der sogenannte „Wochenmarkt" abgehalten wurde.

Der Roßplatz mit dem Panorama-Rundbau, der ein beliebtes Restaurant und oben ein riesiges Schlachtrundgemälde beherbergte.

Der Königsplatz mit dem früheren Grassimuseum für Völkerkunde und Kunstgewerbe; dahinter der Turm der Peterskirche.

Der Königsplatz aus anderer Blickrichtung; links das bekannte Variété Babelsberg.

Die frühere Reichsbank, ein im klassizistischen Stil gehaltener Bau, am Eingang zur Petersstraße.

Blick auf den Rathausring, links die katholische Trinitatiskirche.

Der Thomasring von Norden gesehen. Das Zeppelinluftschiff deutet auf die Zeit um 1910.

Ansicht alter Häuser am Töpfermarkt (später Thomasring) vor dem Matthäikirchhof, dem ältesten Teil der Stadt.

Die Thomaskirche, die Wirkungsstätte J. S. Bachs und des Thomanerchors, 1213 als kleine Klosterkirche gegründet.

Blick auf die Thomaskirche von Nordwesten.

Das von Joh. Seffner geschaffene Bachdenkmal an der Südseite der Thomaskirche.

Erker des ,,Fürstenhauses", Ecke Grimmaische und Universitätsstraße, eines der schönsten Renaissancehäuser Leipzigs.

Das schöne Portal mit den kaffeetrinkenden Türken am ,,Kaffeebaum" in der Großen Fleischergasse, berühmt als Stammlokal eines Künstlerkreises um Robert Schumann.

Blick vom Fleischerplatz auf das Alte Theater, die Reformierte Kirche am Tröndlinring und das Kaufhaus Brühl (rechts).

Die Matthäikirche im Nordwesten der Altstadt, die aus der alten „Barfüßerkirche" des Franziskanerklosters hervorging und mehrfach umgebaut wurde.

Ein idyllischer Winkel in der Großstadt, das „Naundörfchen", ursprünglich eine Siedlung vor den Toren der Altstadt.

Das „Europahaus“ am Augustusplatz, das zweite Hochhaus, das die Harmonie des architektonisch geschlossenen Platzes unterbrach.

Eine interessante Darstellung der Verkehrsentwicklung Leipzigs von den ersten Bahnhöfen bis zum Hauptbahnhof.

Der neue Hauptbahnhof in Leipzig ist der größte Bahnhof Europas. Es münden 26 Geleise nebeneinander ein. Im Jahre 1902 wurde mit den Bauten begonnen. Die linke Hälfte (preußischer Teil) ist seit 1. Mai 1912 vollständig im Betrieb und von der anderen Hälfte der sächsische Teil seit 1. Februar 1913 teilweise. Die vollständige Inbetriebnahme erfolgt 1915. Von den Gesamtkosten — ca. 150 Millionen — trägt der sächsische Staat 50 Millionen und die Stadt Leipzig ca. 17 Millionen Mark.

Der bis 1913 fertiggestellte Teil des Hauptbahnhofes. Der „Zeppelin" ist nur Dekoration.

Noch ohne Verkehrsregelung kam der Fahr- und Fußgängerverkehr um 1915 vor dem Hauptbahnhof aus.

Der Hauptbahnhof mit Ansichten der beiden Eingangshallen und des Querbahnsteigs.

Der neue Hauptbahnhof in Leipzig ist der größte Bahnhof Europas. Es münden 26 Geleise nebeneinander ein. Im Jahre 1902 wurde mit den Bauten begonnen. Die linke Hälfte (preußischer Teil) ist seit 1. Mai 1912 vollständig im Betrieb und von der anderen Hälfte der sächsische Teil seit 1. Februar 1913 teilweise. Die vollständige Inbetriebnahme erfolgte im Jahre 1915. Von den Gesamtkosten – ca. 150 Millionen – trägt der sächsische Staat 50 Millionen und die Stadt Leipzig ca. 17 Millionen Mark.

Eine Darstellung des Hauptbahnhofs im Gesamtüberblick mit statistischen Angaben.

Ein lustiger Gruß von der Messe mit der Karikatur eines zufriedenen „Messeonkels".

Der Bayrische Bahnhof im Süden der Stadt mit seinem um 1900 vorwiegend von Pferdefahrzeugen belebten Vorplatz.

Der Eilenburger Bahnhof im Osten der Stadt, der auch nach dem Bau des Hauptbahnhofes noch einige Zeit im Betrieb war.

Der „Krystallpalast“ in der Wintergartenstraße, einstmals bekannt als Konzerthaus, Variété und Zirkusstätte.

Der frühere Blücherplatz am Hauptbahnhof mit der Neuen Handelsbörse.

Das „Alte Theater“ gehörte zu den ältesten Theaterbauten Deutschlands. Es wurde 1760 als Komödienhaus gegründet und sah Goethe und Schiller als Gäste.

Das Zentraltheater an der Bosestraße, ein unter der Abkürzung „C. T.“ bekanntes Theater-, Konzert- und Ballhaus.

Das Volkshaus in der Zeitzer Straße, um die Jahrhundertwende erbaut, zeugt von der Bedeutung Leipzigs in der Arbeiterbewegung.

Das Gesellschaftshaus des Zoologischen Gartens in der Pfaffendorfer Straße zog mit schönen Sälen und Terrassen viele Besucher an.

Die Johanniskirche am Johannisplatz, seit Ende des 16. Jahrhunderts die Begräbniskirche der Stadt, in der auch J. S. Bach beigesetzt wurde.

Der schöne Mägdebrunnen schmückte den früheren Roßplatz.

Das Künstlerhaus in der Bosestraße, ein im Jugendstil gehaltener Bau, der Ausstellungs- und Konzertzwecken diente.

Das Königin-Carola-Gymnasium in der Elisenstraße im Süden der Stadt, ein typischer Schulbau zu Anfang dieses Jahrhunderts.

Das Schillerrealgymnasium im Norden der Stadt (Frickestraße) ist ebenfalls eine der jüngeren höheren Schulen Leipzigs.

Das Buchhändlerhaus in der Hospitalstraße war seit 1888 an Stelle der Buchhändlerbörse in der Ritterstraße Sitz des Börsenvereins der deutschen Buchhändler.

Das Buchgewerbehaus, ebenfalls in der Art niederdeutscher Rathäuser gestaltet, diente dem Deutschen Buchgewerbeverein als Zentrale.

Die Deutsche Bücherei wurde im 1. Weltkrieg als einzigartiges Gesamtarchiv des deutschen Schrifttums errichtet. Sie umfaßt über 2 Millionen Bände.

In der Nähe des Völkerschlachtdenkmals erinnert die russische Gedächtniskirche, ein Bau im Nowgoroder Stil des 16. Jahrhunderts, an die 1813 gefallenen russischen Soldaten.

Nach 12jähriger Bauzeit war das gewaltige Monument der Vollendung nahe.

Diese interessante Darstellung zeigt das Modell des Völkerschlachtdenkmals im Querschnitt.

Das Völkerschlachtdenkmal im Vergleich mit den bedeutendsten Denkmälern Deutschlands.

Diese Jubiläumskarte von 1913 zeigt einen uns heute fremden Geist des Revanchismus.

Eine Erinnerungskarte zum 25jährigen Bestehen des Völkerschlachtdenkmals.

Das prunkvolle Gesellschaftshaus des 1893 zwischen Lindenau und Plagwitz angelegten Palmengartens wurde 1939 abgerissen, um Platz für eine Gutenberg-Ausstellung zu schaffen, die aber nicht mehr zustande kam.

Blick auf die Parkanlagen, das Palmenhaus und den großen Weiher des Palmengartens.

Von Birkenstämmen umrahmter Blick auf den Johannapark und die Lutherkirche.

Die „Gosenschänke“ in Leipzig-Eutritzsch hatte schon um 1740 das Recht des Ausschanks der echten Gose aus Goslar.

Die typischen Gosengefäße, in denen später die „Leipziger Gose“ aus dem Rittergut Döllnitz gereicht wurde.

Der Charlottenhof in Lindenau war mit künstlichem See, Wasserschloß und Gondelbetrieb ein beliebtes Ausflugsziel um 1900.

Noch aus dem vorigen Jahrhundert stammen diese Grüße aus dem „Bonorand“, einem am Rosental gelegenen Konzert- und Ballhaus.

Innenansicht des eleganten Cafés Bauer am Roßplatz, wie oft auf Werbekarten, ohne belebenden Gästeverkehr.

Buntes Treiben herrscht auf der an Fahrgeschäften und Schaubuden reichen Kleinmesse auf den „Frankfurter Wiesen".

Eine Sensation für Leipzig waren einst die großen Radrennen auf dem Lindenauer Sportplatz.

Eine lustige Karte mit Spottbildern auf die neue „Elektrische“, der um die Jahrhundertwende die Pferdebahn weichen mußte.

Blick auf den Festplatz zum 12. Deutschen Turnfest 1913, wo Freiübungen alten Stils die Zuschauer auf den Tribünen erfreuen.

Festpostkarte zum 12. Deutschen Turnfest.

Die „Bugra", Weltausstellung für Buchgewerbe und Graphik, wurde 1914 durch den Ausbruch des Weltkrieges unterbrochen.

Auch die Feuerwehr wollte 1913 mit einer Veranstaltung nicht zurückstehen.

Reich mit Zierat und Symbolen ausgestattet ist diese Erinnerungskarte an das Universitätsjubiläum 1909.

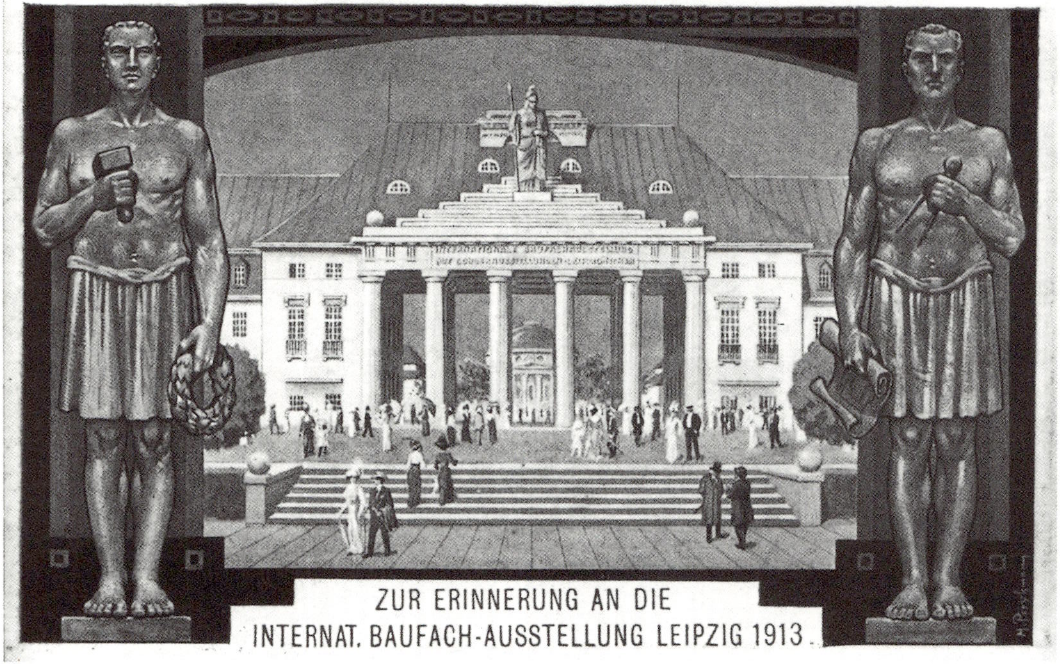

Ganz im Stil der Zeit wirbt diese Festpostkarte für die Baufach-Ausstellung 1913.

Schon vor 1900 begann die Reihe der großen Ausstellungen in Leipzig. Hier eine Grußkarte von der Sächsisch-Thüringischen Industrie- und Gewerbeausstellung 1897.

Das „Gohliser Schlößchen“, ein reizvoller Bau des späten Barock, zeugt vom Reichtum der Leipziger Kaufherren, die Gärten und Landsitze außerhalb der Stadt besaßen.

Das Forsthaus Raschwitz südlich Connewitz, ein vielbesuchtes Ausflugs- und Tanzlokal.

Diese Werbekarte für den sogenannten „Lunapark“ am Auensee bei Wahren rühmt die Vorzüge dieser künstlichen Anlage etwas überschwenglich.

Eine Stechkahnpartie auf der Pleiße war einst ein beliebtes Vergnügen der Leipziger. Im Hintergrund das Pfahlbau-Restaurant „Wassergott“.